Nota a los padres

Aprender a leer es uno de los logros más importantes de la pequeña infancia. Los libros de *¡Hola, lector!* están diseñados para ayudar al niño a convertirse en un diestro lector y a gozar de la lectura. Cuando aprende a leer, el niño lo hace recordando las palabras más frecuentes como "la", "los", y "es"; reconociendo el sonido de las sílabas para descifrar nuevas palabras; e interpretando los dibujos y las pautas del texto. Estos libros le ofrecen al mismo tiempo historias entretenidas y la estructura que necesita para leer solo y de corrido. He aquí algunas sugerencias para ayudar a su niño *antes, durante y después* de leer.

Antes
• Mire los dibujos de la tapa y haga que su niño anticipe de qué se trata la historia.
• Léale la historia.
• Aliéntelo para que participe con frases y palabras familiares.
• Lea la primera línea y haga que su niño la lea después de usted.

Durante
• Haga que su niño piense sobre una palabra que no reconoce inmediatamente. Ayúdelo con indicaciones como: "¿Reconoces este sonido?", "¿Ya hemos leído otras palabras como ésta?"
• Aliente a su niño a reproducir los sonidos de las letras para decir nuevas palabras.
• Cuando necesite ayuda, pronuncie usted la palabra para que no tenga que luchar mucho y que la experiencia de la lectura sea positiva.
• Aliéntelo a divertirse leyendo con mucha expresión… ¡como un actor!

Después
• Pídale que haga una lista con sus palabras favoritas.
• Aliéntelo a que lea una y otra vez los libros. Pídale que se los lea a sus hermanos, abuelos y hasta a sus animalitos de peluche. La lectura repetida desarrolla la confianza en los pequeños lectores.
• Hablen de las historias. Pregunte y conteste preguntas. Compartan ideas sobre los personajes y las situaciones del libro más divertidas e interesantes.

Espero que usted y su niño aprecien este libro.

—Francie Alexander
Especialista en lectura
Scholastic's Learning Ventures

A mi Imzadi, de tu Kfira
— K.A.W.

A Bruce
— T.M.

Originally published in English
as *CATS THAT ROAR!*

ISBN 0-439-16468-0

Text copyright © 1999 by Kimberly Weinberger.
Illustrations copyright © 1999 by Turi MacCombie.
Translation copyright © 2000 by Scholastic Inc.
All rights reserved. Published by Scholastic Inc.
SCHOLASTIC, MARIPOSA, HELLO READER, CARTWHEEL BOOKS
and associated logos are trademarks and/or registered trademarks
of Scholastic Inc.

12 11 10 9 8 7 6 5 4 3 2 1   00   01   02   03   04

Library of Congress Cataloging-in-Publication Data available.

Printed in the U.S.A.
First Scholastic Spanish printing, November 2000

24

¡GATOS QUE RUGEN!

por Kimberly Weinberger
Ilustrado por Turi MacCombie

¡Hola, lector de ciencias! — Nivel 4

SCHOLASTIC INC.

New York   Toronto   London   Auckland   Sydney
Mexico City   New Delhi   Hong Kong

Introducción

Cierra los ojos y piensa en un gato.
¿Qué ves?
¿Un gatito de piel rayada que juega
con una madeja de lana?
¿O quizás un lindo gatito atigrado
que ronronea en tu regazo?
Esos gatos te podrán parecer muy
diferentes de los grandes leones y
tigres que viven en la naturaleza.
En realidad, son muy parecidos.
Forman parte de la misma familia.

Este libro trata sobre los felinos,
¡esos grandes gatos que a veces
rugen y a veces no!

Capítulo uno
Grandes gatos de la nariz a la cola

Es de noche.
Un gran gato se mueve lenta y
silenciosamente en la selva.
No ha comido en tres días.
Tiene mucha hambre.
De pronto, sus orejas se paran
mientras clava la vista en la
oscuridad.
Ve un ciervo a unos metros de
distancia.
Sin hacer ruido, el gran gato avanza
sigilosamente hacia el ciervo.
Cuando está cerca comienza a
moverse con rapidez.
Y entonces, de un salto, cae encima
del ciervo y lo echa por tierra.
El gran gato ha atrapado a su presa.
Esta noche comerá muy bien.

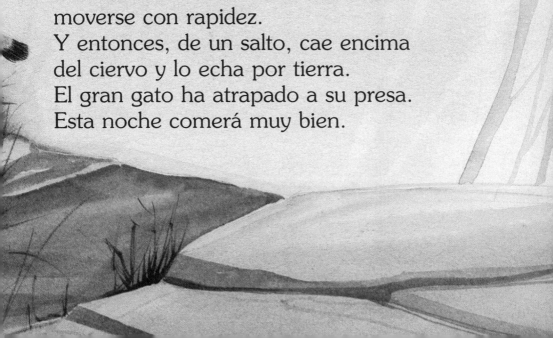

Todos los gatos están hechos
para cazar.
La nariz de un gato es como una
impresión digital. No hay dos iguales.
Cuando caza, el gato usa la nariz para
husmear la comida. También husmea
para prevenir el peligro y detectar
la presencia de otros gatos.

¿Has mirado alguna vez los ojos de un
gato doméstico en la oscuridad?
Entonces te habrás dado cuenta de que
parecen brillar.
Este "brillo" se debe a una fina capa que
tiene sobre los ojos, que refleja la luz como
un espejo.
El centro de los ojos de un gato se abre
para dejar entrar la mayor cantidad de luz
posible.
Como la mayoría de los gatos cazan de
noche, sus ojos especiales les son de gran
ayuda.

Los felinos pueden oír el ruido más débil.
Esto es porque mueven las orejas de atrás
para adelante para atrapar los sonidos.
¡El crujido lejano de una ramita puede
despertar a un gato que duerme y lanzarlo
en una carrera!

Los bigotes les ayudan a guiarse cuando
cazan en la oscuridad.
Al avanzar, esos pelos finos se erizan y
"sienten" el aire.
Esto les ayuda a encontrar objetos a
medida que avanzan.

La lengua de estos grandes gatos está
cubierta de unos bultitos muy finos en
forma de gancho.
Esos bultitos se llaman "papilas".
Las papilas convierten la lengua en una
verdadera lija.
¡Una simple lamedura de su lengua puede
arrancar la piel!
Los gatos usan la lengua para raspar
los huesos de sus presas hasta
dejarlos limpios.

Todos los gatos tienen garras muy
afiladas que les permiten atrapar y matar
a sus presas.
Cuando descansan, la mayoría de los gatos
esconden las garras para protegerlas, pero
pueden extenderlas en un santiamén
cuando atacan o tienen que defenderse.

Sus poderosos músculos y acolchonadas
zarpas hacen que un felino se mueva
silenciosamente.
Los músculos le permiten quedarse inmóvil
instantáneamente y también alcanzar gran
velocidad cuando caza.

Hasta la cola le es útil cuando acecha
para cazar.
Le ayuda a mantener el equilibrio.
La cola le permite cambiar de dirección
cuando persigue a su presa, igual que el
volante de un auto.

Capítulo dos
Leones y tigres: ¡Qué miedo!

No es sorprendente que al león, con su espesa y noble melena, lo llamen el "rey de la selva".

Sólo el macho tiene melena.

Esta espesa melena comienza a crecerle a los dieciocho meses.

Un macho adulto puede pesar hasta 400 libras (unos 200 kilos).

¡Eso es más de lo que pesan 30 gatos domésticos juntos!

Aunque la mayoría de los felinos prefieren vivir solos, a los leones les gusta cazar y jugar juntos.
Viven en las llanuras africanas en grupos llamados manadas.
Una manada puede incluir de diez a cuarenta leones.
Cuando descansan, generalmente lo hacen amontonados en grupos.
¡Pueden dormir hasta veinte horas al día!

Pero el león *no* es holgazán.
Cuando cae la noche, el trabajo del león
es defender la manada y proteger su
territorio.
¡Su rugido llega a distancias equivalentes
a 85 canchas de fútbol!
Así previene a los otros animales para
que no se acerquen.

Para las leonas, la noche significa que es
hora de salir a cazar.
Juntas buscan cebras y ñus.
A gran velocidad en la oscuridad, caen
encima de un pobre antílope.
Gracias a los fuertes músculos del cuello
y de los hombros pueden arrastrar la presa
muerta hacia la manada.
Un león adulto puede comer más de 50
libras (unos 25 kilos) de carne de una vez.
¡Es como comer 200 hamburguesas!

Aunque se conoce al león como el "rey de la selva", el tigre es el más grande de todos los felinos.
Pesa alrededor de 500 libras (unos 250 kilos).
Desde la nariz hasta la punta de la cola, el tigre puede ser tan largo como un automóvil.

El tigre de Bengala, que vive en las junglas y selvas de la India, es un cazador fuerte y peligroso.
Su piel anaranjada con rayas negras le permite ocultarse fácilmente entre luces y sombras.
No hay dos tigres con el mismo diseño de rayas.

A diferencia de los leones, los tigres generalmente viven y cazan solos.
Cuando nacen los cachorros de los tigres, viven con sus mamás durante dos años.
Luego, aprenden a cazar para vivir.

Las marcas que las garras de los tigres dejan en los árboles son como el nombre en un buzón.
Le dicen a los otros animales que allí es donde vive y caza ese tigre.
Temprano en la mañana y tarde por la noche, los tigres salen a buscar gacelas, jabalíes y búfalos.

Algunas veces, el tigre acecha a un
animal cerca de un río o una laguna
y ahoga a su presa.
Aunque a la mayoría de los gatos no
les gusta el agua, el tigre es un nadador
excelente.

En 1951, un príncipe encontró un tigrecillo blanco, de ojos azules y rayas marrones, muy raro en las selvas de la India, y se llevó al cachorro huérfano a su palacio.
El príncipe lo llamó Mohan.

Hoy en día, no se encuentran tigres blancos en su hábitat natural, pero los puedes ver en los zoológicos.
Son parientes lejanos de Mohan, el primer tigre blanco que se haya capturado jamás.

El gran tigre siberiano es el más grande de todos los felinos.
¡Puede pesar más que dos leones adultos juntos!
Hoy sólo quedan unos 200 tigres siberianos en las llanuras heladas de Rusia.
Otros 800 viven en zoológicos y zonas protegidas.

Capítulo tres
Muchas manchas:
Leopardos y jaguares

El leopardo puede ser el gato más difícil
de ver en la naturaleza.
Si buscas uno, tienes que mirar hacia
arriba. A los leopardos les encanta pasar
el tiempo en los árboles.
Incluso en el suelo, su piel con manchas
les permite hacerse prácticamente
invisibles.

De todos los grandes gatos, el leopardo
es sin duda el cazador más inteligente.
Por la noche, se mueve silencioso por
el desierto, las junglas y las selvas de Asia
y África.
Cuando persigue a su presa, se arrastra
con la panza casi pegada al suelo.

Un leopardo pesa casi tanto como una
persona.
Pero puede cargar durante millas una
presa dos veces más grande que él.
Luego sube su almuerzo a un árbol donde
no tendrá que compartir el festín con otro
animal.
Como caza y vive solo, el leopardo puede
sobrevivir en muchos lugares ya que come
prácticamente de todo.

¿Sabías que la pantera negra es en realidad
un leopardo?
Durante muchos años se creyó que las
panteras y los leopardos eran dos tipos
o "especies" diferentes de gatos.
Hoy sabemos que son de la misma especie
y que incluso tienen las mismas manchas.
Puesto que la piel de la pantera es tan
oscura, las manchas sólo se ven a la luz
del sol.

Después de los tigres y los leones,
los jaguares ocupan el tercer lugar
por su tamaño.
El jaguar es casi dos veces más grande
que el leopardo.
Los dientes y músculos de sus mandíbulas
son muy fuertes.
Se dice que la mordedura de este animal
es la más poderosa entre todos los felinos.
La mayoría de los gatos matan mordiendo
en el cuello, pero la mordedura del jaguar
es tan fuerte que puede triturar el duro
cráneo de su presa.

Los jaguares tienen un hermoso pelaje
moteado.
También hay jaguares negros en los que
es difícil ver las manchas.
Los jaguares habitan en Centro y
Sudamérica, donde cazan y viven solos.
En los días calurosos, se refrescan en las
lagunas y los ríos.

Capítulo cuatro
Gritones y veloces:
Las onzas y los pumas

¿Cuál es el animal terrestre más rápido
del mundo?
Si piensas que es la onza, has acertado.
La onza, conocida también como
guepardo, es larga, delgada y ¡puede correr
más rápido que un auto!

Las onzas se distinguen de la mayoría de
los felinos porque cazan de día.
Generalmente viajan solas por las llanuras
del sur de África.

Las crías de las onzas tienen una franja
de piel gris en el cuello y en el lomo.
Observan atentamente lo que hace la
madre para aprender a cazar.
Después de un año, los cachorros ya son
capaces de atrapar sus propias presas.

A través de los tiempos, príncipes y gobernantes han tenido onzas como mascotas y compañeros de caza.
En el antiguo Egipto, los faraones entrenaban a estos gatos veloces para sus cacerías.
Se cuenta que un emperador asiático ¡llegó a tener 9.000 onzas durante su reinado!

Las onzas no pueden retractar sus uñas
ni pueden rugir.
Como no son tan fuertes como los
otros felinos salvajes, las onzas se valen
de su velocidad para sobrevivir.
Hoy en día hay menos de 10.000
onzas libres en la naturaleza.

El puma es el gato salvaje que más nombres tiene.
Algunos lo llaman león de montaña.
Otros lo llaman tigre rojo, pantera o catamount.
El puma, tiene muchos nombres porque vive en diferentes zonas del continente americano.

Al igual que las onzas, los pumas no pueden rugir.
En cambio hacen un ruido parecido a un chiflido o un chillido.
Debido al agudo sonido que emite, también se le conoce con el nombre de gritón de las montañas.

Los pumas son los únicos grandes felinos que se pueden encontrar en América del Norte.
Se los compara a menudo con los leones africanos porque son los dos únicos grandes gatos que no tienen manchas ni rayas.

Capítulo cinco
Un futuro peligroso

A pesar de que los felinos son fuertes
y poderosos, no tienen un futuro
prometedor.

Se considera que los leones, los tigres,
los leopardos, los jaguares, las onzas
y los pumas son especies en peligro
de extinción.

Quiere decir que muy pronto pueden
desaparecer por completo.

Sin embargo, mucha gente está haciendo
lo posible para salvar a los grandes gatos.

Hay leyes que prohiben cazar y matar
a estos animales.

También hay gente que trata de preservar
en el mundo espacios silvestres para que
estos gatos puedan vivir en sus hábitats.

Cierra los ojos y piensa en un gato.
¿Qué ves ahora?
¿Es un león que ruge bajo el sol brillante?
¿O un tigre al acecho en la oscuridad de
la noche?
Sea lo que fuere, recuerda que estos
grandes gatos forman parte de la misma
familia de los gatos que ves todos los días.
Son hermosos.
Son elegantes.
¡Y algunos son muy, pero muy grandes!